Alain LAPLAGNE

Les blagues hilarantes de Alainlerigolo

«500 calembours et quiproquos»

Avant-propos

Je tiens avant tout à remercier chacun d'entre vous pour avoir choisi ce livre.

Parce qu'il est tant de sujets intraitables que seul l'humour peut aborder, j'ai choisi ce mode d'expression pour vous faire sourire voire rire, si j'y parviens, cela afin de soulager les peines et égayer les cœurs en ces temps covidesques difficiles.

« Les blagues hilarantes de Alainlerigolo, 500 calembours et quiproquos », comme le titre l'indique, est un recueil de plus de 500 blagues sélectionnées parmi les plus récentes et les plus hilarantes où s'entremêlent calembours et quiproquos. J'espère ainsi réussir ma mission de vous faire passer un bon moment de détente.

Merci et bonne lecture.

Alain LAPLAGNE

■ 1

Claire ne pourrait vivre à la ferme car la ferme tuerait Claire.

>>> *C'est clair ?*

■ 2

La légende raconte que si on colle son oreille à un soutien-gorge, on peut entendre le chant des baleines.

>>> *Même les bonnets M ?*

■ 3

Avec toutes ces doses de vaccin on va tous gagner le Tour de France.

>>> *Maillot jaune !*

■ 4

Annonce :

« Cherche nourrice aveugle pour enfant qui braille. »

■ 5

Certains hommes ont deux cerveaux.
>>> *Un petit et un gland.*

■ 6

Si tu peux voir ta quéquette tu peux reprendre de la raclette.

>>> *Et la charcut aussi ?*

■ 7

Il ne faut jamais remettre à demain ce que l'on peut faire avec une seule.

>>> *Main*

■ 8

N'achetez jamais de voitures dans le Nord de la France car elles n'arrêtent pas de Calais.

>>> *Caler*

■ 9

Changez de tactique, oubliez Meetic :
Draguez au lavomatic !

>>> *Mag'ic!*

■ 10

Comment appelle-t-on six filles de joie
sur un banc ?

Scie sauteuse Bosch.

>>> *Six sauteuses boches.*

■ 11

Mon cordonnier dit qu'il n'est pas au
courant et pourtant il se mêle de tout.

>>> *Il a un sacré talon !*

■ 12

- Alu ! Je m'acier ou j' métal ? Que
fer ?

- Etain et d'or !
>>> *Laiton vraiment ?*

■ 13

L'oiseau vole et le voleur vole aussi. Mais la différence entre les deux c'est que l'oiseau fait son nid et le voleur nie son fait.

■ 14

Ce n'est pas parce que deux chauves complotent qu'ils sont de mèche.

>>> *Capilotracté.*

■ 15

Pas de chauves à Ajaccio. A Calvi si.

>>> *Au poil !*

■ 16

Arrêtons d'être des copies qu'on forme !

>>> *Vous imprimez ?*

■ 17

L'humanité a vraiment besoin d'une Terre happy.

>>> *Une petite pilule bleue.*

■ 18

Si je grossis, c'est pour que mon chéri puisse arrondir ses faims de moi.

>>> *Alors obèse ?*

■ 19

Au lieu d'utiliser nos mains pour faire des cœurs, on ferait mieux d'utiliser nos cœurs pour faire demain.

>>> *Premier prix de poésie !*

■ 20

Les girafes n'existent pas, c'est un coup monté.

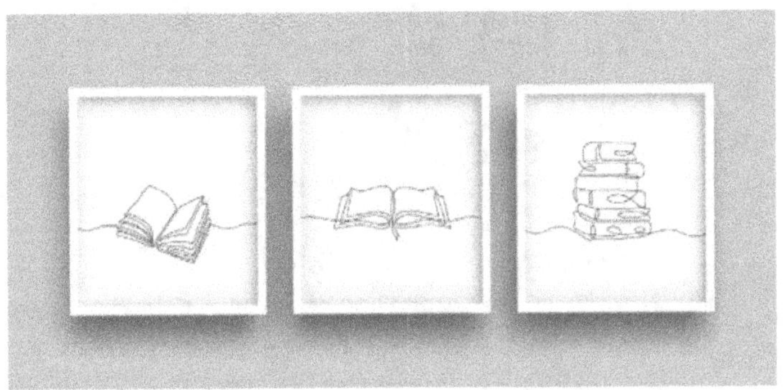

■ 21

Les perdants du loto appartiennent tous au même groupe sans gains.

>>> *Moi, un jour j'ai prise 200 €.*

■ 22

Avec son humour, il la rend folle.

>>> *Vraiment hilarant.*

■ 23

Un vieillard maniaque devient vite soûlant.

>>> *Dis "gestif" !*

■ 24

Ce Touareg a des airs de chameau.

>>> *Je vous y prends mesdames à imaginer sa bosse !*

■ 25

Des musiques comme celle-là, on n'en a jamais entendues de si belles.

>>> *Un son !*

■ 26

Paradoxalement, pour être dans les normes, il faut rester mince.

>>> *Maigre consolation.*

■ 27

Trop manger est un péché. C'est ce que les gourmands disent.

>>> *Non, c'est un plaisir.*

■ 28

On ne peut pas dire que ce roman de Tolstoï ne soit guère épais.

>>> *Une blague intello. C'est gratuit.*

■ 29

J'ai vu un Alien dans mon frigo. Il m'a dit : « Ils sont extras tes restes ! »

>>> *E.T. Manger maison !*

■ 30

La politique est louche car l'élu net n'existe pas.

>>> *Certains visent trop ton porte-monnaie.*

■ 31

Les bricoleurs du dimanche en ont marre tôt.

>>> *Leur travail ne vaut pas un clou.*

■ 32

Un habitant de Meaux est appelé 1 Meldois. S'il visite la ville de Montcuq ce sera donc un Meldois dans Montcuq.
>>> *Exceptionnellement, je ne fais pas de dessin.*

■ 33

Quand on se creuse la cervelle, est-ce que ça peut créer des trous de mémoire ?

>>> *A la pelle !*

■ 34

Je dépense, donc je suis.

>>> *Descartes... de crédit*

■ 35

Zoé demanda à Robinson de la croire. Et Robinson Crusoé.

>>> *C'était un vendredi !*

■ 36

Quand un unijambiste se lève du mauvais pied, il s'en rend compte de suite.

■ 37

- Toc, toc, toc ?
- C'est qui ?
- C'est Hulk.
- Entre, c'est ouvert.

>>> *(Tout vert)*

■ 38

- Alainlerigolo, avez-vous quelque
chose à dire pour votre défense ?
- Tout à fait Madame la Procureure,
j'ai le barreau.

>>> *Là non plus, pas de dessin.*

■ 39

A Paris on hésite à mettre les
décorations de Noël. En effet, les
Parisiens ont les boules car la mairie
est dirigée par une illuminée.

>>> *- Anne, ne vois-tu rien venir ?*
- Je des sondages qui merdoient et
des appuis qui flanchoient.

■ 40

Il ne faut pas généraliser, tous les hommes ne sont pas fourbes. Il y a des mâles honnêtes.

>>> *Des mâles habiles.*

■ 41

Un indien se noie dans le fleuve.
- Seigneur, je suis en grand péril !
- Enchanté, Engrandpéril…

>>>*Pas d'bol ! Il est tombé sur Démerdtoatousseul.*

■ 42

Je demande à tout hasard… Quelqu'un sait-il si Joséphine et Roger ont eu leur bus de18h17 ?

>>> *Pour aller danser le Jerk.*

■ 43

Hier, nous sommes allés chez elle. Il y avait des fusils de chasse sur tous les murs.

>>> *Et ce qui m'embête le plus, c'est qu'elle n'arrête pas de m'appeler « mon lapin ».*

■ 44

Nous sommes un couple moderne moi et ma femme. On partage les tâches ménagères. Je fais les tâches, elle fait le ménage.

>>> *On m'a forcé à la mettre celle-là.*

■ 45

J'ai 20 ans, elle a 37 ans. Est-ce qu'on peut semer ?

>>> *Qui sème l'amour, récolte la descendance.*

■ 46

Au salon de coiffure après le confinement :
- Pas trop chaude ?
- Oh si, je pourrais sucer tout ce qui bouge !
- Je parlais de l'eau…

■ 47

Un jour, ils inventeront la boite noire pour disputes de couples et des millions d'hommes seront innocentés.

>>> *M.L.H.*

■ 48

Au golf, deux amies :
- La semaine dernière, en jouant, une abeille m'a piquée.
- Ah bon ? Où ça ?
- Entre le 1er et le 2ème trou.
- Je t'ai pourtant déjà dit de ne pas venir en jupe.

■ 49

Dans mon jeune temps, j'étais mannequin… chez Cochonou.

>>> *Comme on l'aime chez nous.*

■ 50

Bonne nouvelle !
Viagra est désormais disponible en poudre pour le thé. Il n'augmente pas vos performances sexuelles mais empêche vos biscuits de devenir mous.

>>> *Je ne suis pas concerné.*

■ 51

- Chérie, pour moi tu es la 8ème merveille du monde !
- Ah oui ? Et je peux savoir qui sont les 7 pétasses que tu places avant moi ?

■ 52

- Allô ?
- Oui, mon fils est là ?
- NIIICK ? Ta mère !!!

■ 53

Au restaurant :
- Qu'est-ce que je vous sers ?
- La ceinture !

>>> *Boucle-la !*

■ 54

- Alors comme ça tu veux devenir prêtre ?
- *Jésuite encore.*

■ 55

- Les amoureux des fleurs, où pistils ?
- Gynécée pas !

>>> *Ou je ne sépale.*

■ 56

- Hier, 6 femmes m'ont invité à sortir.
- Quel chanceux ! Mais comment fais-tu ?
- Je me suis trompé de toilettes au bar

>>> *Quel coquin !*

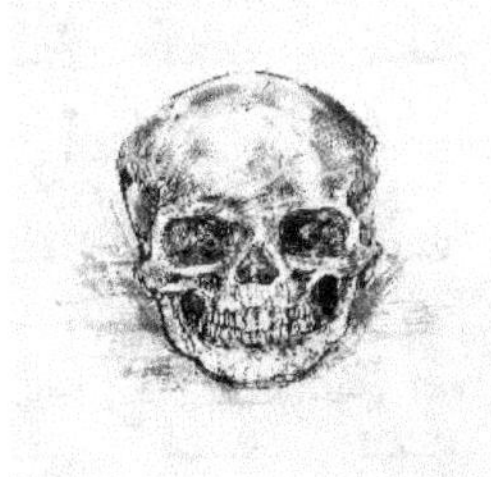

■ 57

La gastro est de retour. Sachiez-le !

>>> *Elle est courante.*

■ 58

Le poisson d'avril le plus connu s'est passé en 1746, lorsqu'un journal anglais a annoncé la plus grande exposition d'ânes. Une foule de gens s'y est rendue pour ne trouver qu'eux-mêmes.

■ 59

Dites non à l'alcool !!!
Enfin, si vous parlez à l'alcool, c'est sûrement déjà trop tard !

> *L'alcool non, l'eau ferrugineuse oui.*

■ 60

« Muet comme une carpe »

>>> *Ouais, bah en même temps, tu as déjà essayé de parler sous l'eau, toi ?*

■ 61

C'est l'heure d'entendre ce qui cloche dans l'église.
>>> *C'est dingue, donc !*

■ 62

Ma copine n'aime pas que je me promène à poil dans la maison. Elle m'a demandé d'enfiler un boxer.
>>> *Ce con de chien m'a mordu !*

■ 63

Vu sur une étiquette de téléphone Coque (coq) fabriquée en Dinde.

>>> *Turkey signifie aussi dinde en anglais.*

■ 64

Ça y est !
Je crois savoir comment désactiver la correction de mon téléphone. Je suis excité comme une pute !

>>> *Eh merde… Puce.*

65

Je pensais que mes vêtements rétrécissaient à cause du sèche-linge. Il s'avère que c'est à cause du frigo.

66

- Maria, je soupçonne mon mari de me tromper avec sa secrétaire.
- Oohh !! Madame dit ça pour me rendre jalouse ?

>>> *Elle est bonne ?*

67

Aux courses ce samedi :
- Vous avez la carte du magasin ?
- Il est si grand que ça ?

>>> *Vous êtes ici.*

■ 68

D'après une enquête sur ce que pensent les hommes des jambes des femmes :
- 10% des hommes interrogés préfèrent les jambes fines.
- 15% les jambes musclées.
- Les autres se positionnent entre les deux.

>>> *J'en bave d'avance.*

■ 69

- Je n'ai pas apprécié que tu cries « Dora » pendant qu'on faisait l'amour.
- Toi, ça fait bien des années que tu cries « Oui-oui » !

■ 70

En France, une grande rue s'appelle une artère… Et la traverser sans se faire écraser, c'est une veine !
>>> *Les vaisseaux sont sanguins.*

■ 71

Mon plat préféré, c'est le couscous. Epicétout !
>>> *Con muchos garbanzos.*

■ 72

Au marché :
- Bonjour, je voudrais 5 kgs de patates.
- Des grosses ou des petites ?
- Des petites seront moins lourdes à porter !

■ 73

A la maison : - Et qu'est-ce qu'on fait avant de manger ?
- APEROOO !!!
- Non, les mains…, on se lave les mains !
>>> *Et après l'apéro.*

■ 74

Si toutes vos bombes étaient des graines, le monde mangerait à sa faim, au lieu de courir à sa fin.

■ 75

Quand j'étais petit, j'avais peur du noir. Maintenant, quand je vois ma facture d'électricité, j'ai peur de la lumière.

■ 76

Les zémmourroïdes sont des inflammations qui ne touchent que les trous du cul.

■ 77

Incendie dans une pisciculture.
Toutes les carpes sont détruites. Il ne reste plus que des cendres.

>>> *J'ai la pêche !*

■ 82

L'essentiel dans la vie, c'est de partir sur de bonnes baises…

>>> *Bases, pardon.*

■ 78

Le mari : - Un clic et je trouve une femme à louer !
La femme : - Une claque et tu trouves un avocat pour divorcer !!
>>> *Et un clic-clac pour s'rabibocher !*

■ 79

Au restaurant : - Vous avez des cuisses de grenouilles ?
- Non, ce sont les rhumatismes qui me font marcher comme ça…
>>> *Os'court !!!*

■ 80 > Appel à SOS pizzas :

- Ne coupez pas la pizza, la diététicienne ne m'autorise qu'un seul morceau !

■ 81

Pourquoi les vaches ne parlent pas ?
>>> *Parce que sur leur maison c'est écrit « La ferme ».*

■ 82

- Mon amour, un petit câlin ?
- Pas ce soir chéri, je suis lessivée…
- Même un programme court sans prélavage ?

>>> *Un petit bonux ?*

■ 84

Je commence toujours mon repas par la faim.

■ 85

Info neige : Un car bloqué à Thiers. Le chauffeur fait demi-tour.
>>> *Pourvu qu'ils rentrent entiers.*

■ 86

Moi de Nicolas Bulot, je m'en tamponne le coquillage !

>>> *C'est qui Nicolas Hulot ?*

■ 87

Un mécanicien après sa mort, a-t-il droit à une vie d'ange ?
>>> *C'est un pneu gonflé !*

■ 88

Je cherche une formation en plomberie. Quelqu'un a des tuyaux ?
>>> *A l'eau ?*

■ 89

- Alors, comment va ton mec ?
- C'est plus mon mec depuis un mois.
- Ah, je peux te dire que j'ai couché avec il y a deux jours.
- C'est mon mari maintenant.

■ 90 > Au magasin :
« Achetez aujourd'hui, payez à Noël. Noël, c'est le mec qui bosse à la caisse… »

>>> *Enfin, il est là !*

■ 91

Il se couchit et disa : « Encore une journée bien remplite ! ». Il embrassit son Bescherelle et éteinda la lumière.
>>> *Champion du monde de France !*

■ 92

- Salut chérie, je suis arrivé !
- ça fait 3 ans que t'es parti chercher du lait, maudit trou du cul !
- Ah merde ! Le lait ! Je reviens…

■ 93

Un Polonais va chez l'ophtalmo qui lui montre les lettres sur le mur :
CZJWONIHTAWCZ
- Vous pouvez lire cette ligne ?
- Non seulement je peux la lire, mais je connais ce gars !

>>> *Je vous mets au défi de le prononcer.*

94

Ma femme vient d'emplafonner un mec de Grenoble en voiture. Je l'ai consolée en lui disant que ça faisait longtemps qu'elle n'était pas rentrée dans du 38.
>>> *Quelle m-isère !*

95

Un condescendant peut très bien se trouver sur la mauvaise pente.
>>> *Tout comme Yves Montant*

96

J'ai une blague sur Niagara, mais je dois m'en aller.

97

J'ai également une blague sur la lévitation, mais il n'y a pas de chute.

>>> *Du coup, je laisse tomber en suspens…*

■ 98

J'ai toujours sur moi un taser, des fois qu'il faudrait aider un peu le coup de foudre…

■ 99

- Papa, cette nuit j'ai rêvé que t'étais gentil et que tu me donnais 20€.
- T'as été sage ?
- Ouiiiii !!!
- C'est bien, tu peux les garder.

***J'AI UN POTE QUI S'APPELLE NIET. QUAND JE LE CROISE DANS LA RUE, JE LUI DIS :
« COUCOU NIET ! ».

■ 101

Ma sœur a dépensé 90 € chez le vétérinaire pour faire soigner son lapin. Quand je pense qu'un pot de moutarde ne coûte que 2 € !

>>> *Amore Amora*

■ 102

En amour, il ne faut pas s'attacher, ou alors juste les poignets.

>>> *... et qu'on s'empoisonne* ♫♪♪

■ 103

- C'est quoi ton astuce de cuisine, frangine ?
- J'enlève la pile du détecteur de fumée.

>>> *Du coup, je ne mange jamais chez elle.*

■ 104

Au bar : - Et toi, t'es pour la 3ème dose ?
- Bonne idée ! Garçon, tu nous remets ça !
>>> *Convid un ou plusieurs verres.*

■ 105

Le 9 août, la France est devenue un grand Fort-Boyard. On a demandé le pass' partout.
>>> On avait une drôle de mine

■ 106

C'est l'été ? J'en d'août !
>>> Moi ?

■ 107

- Alors, d'après toi, j'ai quel âge ?
- A mon avis 44 ans, Monsieur le Président.
- Exact. Mais comment le sais-tu ?
- J'ai un grand frère qui a bientôt 22 ans et il est à moitié con.

>>> *Prends ça dans les dents !*

■ 108

- Soldat Alainlerigolo !
- Oui mon capitaine !
- Je ne vous ai pas vu hier à l'épreuve
de camouflage !
- Merci mon capitaine !

■ 109

J'ai enfin attrapé le moustique qui m'a
fait chier toute la nuit, mais j'ai pas pu
le tuer, c'est le sang de mon sang !

■ 110

A l'école : - 69 divisé par 3 ?
- Impossible un 69 ça se fait qu'à 2.
>>> *Pas fort qu'en calcul Renaud.*

■ 111

Tu es poussière et tu retourneras
poussière. Voilà pourquoi je ne fais
pas la poussière. Ça pourrait être
quelqu'un que je connais.

>>> *Un p'tit ch'nis ch'ti*

■ 112.

Les filles, si vous voulez un homme qui vous fait craquer, allez voir un ostéopathe.

>>> *Non mais !*

■ 113

On me demande souvent pourquoi je n'ai pas de tatouage. Je
réponds : « T'as déjà vu une Ferrari avec des autocollants ?
>>> *Oui, les Majorette.*

■ 114

Examen du permis de chasse :
- Bon, je rappelle qu'à l'issue de l'épreuve pratique de tir, seuls les survivants seront interrogés sur la théorie…
>>> *… perd sa place.*

■ 115

Oublie ton passé, qu'il soit simple ou composé et participe à ton présent pour que ton futur soit plus-que-parfait.

>>> *C'est impératif !*

■ 116

- Alors avec Christelle côté sexe ça va ?
- Ah ben tu sais chez nous c'est les jeux olympiques.
- Ah bon ? Vous battez des records ?
- Non, c'est plutôt tous les 4 ans !

>>> *Les années bi-sex-tiles.*

■ 117

- Allô Manuel ?
- Non non, vous vous êtes trompé de numéro, ici c'est Alain… Alain Tello.
- … ?

>>> *Je me suis pas creusé la cervelle.*

■ 118

Cher Père Noël,
Apporte-moi une amoureuse, celle de l'année dernière s'est cassée.

>>> *1 de perdue, 10 de retrouvées.*

■ 119

- Mais pourquoi m'appelles-tu antibiotique ?
- Parce que je vais te prendre matin, midi et soir.
- Oui, mais ce n'est pas automatique !

>>> *A double dose.*

■ 120

Quand j'étais petit, ma mère me frappait avec le catalogue des 3 suisses.
>>> *Depuis, je la redoute.*

■ 121

- Bonjour, je monte un groupe de rock
« Les œufs à la neige ». Je cherche
un batteur.

>>> *Blanc*

■ 122

- Qui porte la culotte dans votre
couple ?
- Ce que nous préférons, c'est quand
aucun de nous n'en porte…

>>> *Nudissime.*

■ 123

Les films porno donnent à la jeunesse
une vision malsaine et irréaliste de la
vitesse à laquelle un plombier peut
arriver chez vous.
>>> *C'est long pour voir leur tuyau !*

■ 124

J'ai rêvé que j'étais en plein
préliminaire avec une femme.
Mais ce n'était cunnillusion.
>>> *Qu'une illusion, autant pour moi.*

■ 125

- Papa, j'ai peur de la forêt…
- Parce que tu crois qu'au retour,
quand je serai tout seul, je n'aurai pas
peur moi ?
>>> *Petit, ne bois pas ses paroles !*

■ 126

1 piqûre, 2 piqûres, 3 piqûres, 4
piqûres, … c'est plus de la
vaccination, c'est de l'acupuncture !

>>> *J'en ai ma dose !*

■ 127

C'est l'histoire de deux blondes à un arrêt de bus. L'une dit à l'autre :
- J'attends le bus n°3, et toi ?
-Moi, c'est n°5.
Tout à coup, le bus n°53 surgit et les deux blondes se mettent à crier toutes les deux :
- Oh chouette ! On va pouvoir faire la route ensemble !
>>> *Et le n° 35 pareil.*

■ 128

En Corse, il y a un homme qui fait des knackis, mais on ne peut pas en parler : C'est l'homme Herta.
>>> *L'Omerta*

■ 129

La Peste, c'est Camus. Mais la grippe, est-ce Pagnol ?

>>> *Et l'alcool : « M'harcèle pas, gnôle ! »*

■ 130

- Eve, tu me trompes avec un autre ?
- Adam, nous sommes seuls sur terre.
- Et ce mec-là ?
- Ah lui ! C'est Michel Drucker, un vieil ami.

■ 131

Une femme c'est comme une roue de brouette, si tu ne la graisses pas le lundi, ça gueule toute la semaine !
>>> *Une blague que m'a obligé de mettre le lobby des patriarches.*

■ 132

Vu sur une pancarte lors d'une grève de dindes à Noël :
>>> *« Plein le cul des marrons ! »*

■ 133

La passion commune des déménageurs et des champions de natation c'est… d'aimer nager !
>>> *ou déménager.*

■ 134

Longtemps j'ai cherché Jésus, sans jamais trouver où il créchait.

>>> *Les bêtes l'aiment.*

■ 135

Je crois que l'hiver ce n'est pas ma tasse d'été.
>>> *Tasse de thé.*

■ 136

- J'ai décidé d'arrêter les crèmes minceur.
- Et bien, commence par la crème pâtissière.

>>> *C'est pas la crème des blagues.*

■ 137

Bientôt le variant Travolta. Il donne de la fièvre, mais que le samedi soir.

■ 138

En Bretagne, c'est pas la main qui tremble, c'est le verre qui a peur.

■ 139

- Toc, toc, toc !
- C'est qui ?
- Jésus.
- Jésus qui ?
- Jésusperfroid ! Dépêche-toi d'ouvrir !

■ 140

Quand tu vois les décos de Noël, tu te demandes si Jésus est né à Nazareth ou à Las Vegas.
>>> *Que la lumière soit !*

■ 141

Avant de mourir, Louis XVI a hésité entre prendre un café ou un thé.

>>> *Finalement, il a pris les deux : Déca pis thé.*

■ 142

Nous avons tous des défauts. Par exemple, moi j'ai une jambe plus courte que les deux autres.

■ 143

Chez nous, en cas de problème, on n'appelle pas le 17, on décroche le 12.
>>> *On m'a obligé à la mettre.*

■ 144

- Dieu, pourquoi n'as-tu pas créé de prédateur pour l'homme ?
- Parce que celui-là je l'ai fait assez con pour s'éliminer lui-même.

■ 145

Vu à la boulangerie de mon village :
Pain cuit au feu de bois depuis 1983
>>> *A mon avis il est trop cuit.*

■ 146

Savez-vous pourquoi les femmes se grattent la tête le matin ?
>>> *Parce qu'elles n'ont pas de couilles.*

■ 147

Rue Gustave Flaubert :
Ils sont tous chers les loyers dans cette rue !
>>> *Cela dépend, d'un immeuble à l'autre, les baux varient.*

■ 148

- Ah, j'ai bien mangé ! C'est assez, dit le requin à la baleine. Je suis requinqué !
- Oui, mais ce soir, ça r'dine !

>>> *C'est assez !*

■ 149

Un livre ça commence par une introduction et ça finit par un index.
>>> *La femme, c'est le contraire…*

■ 150

Vrai article paru dans un journal de décembre 2021 :
« Les volailles de Bresse se portent bien. »

>>> *Il semblerait toutefois qu'un certain nombre ne passe pas les fêtes !*

■ 151

Elle était amoureuse d'un pisciculteur qui l'a détruite.

>>> *Carpe diem !*

■ 152

Elle est tombée amoureuse d'un bricoleur qui l'a rendue marteau. Pourtant, il ne valait pas un clou.

>>> *Hachement drôle*

■ 153.

Elle est amoureuse d'un spéléologue qui a visité sa grotte.

>>> *En rappel !*

■ 154

Elle a rencontré un plombier qui lui a débouché le syphon.

>>> *Avec son robinet ?*

■ 155

Elle s'est éprise d'un électricien qui lui a fait péter les plombs.

>>> *Du coup, maintenant sa vie ne tient qu'à un fil.*

■ 156

Elle s'est retrouvée sur le chemin d'un routier qui l'a roulée.
>>> *Elle en aurait perdu la voie.*

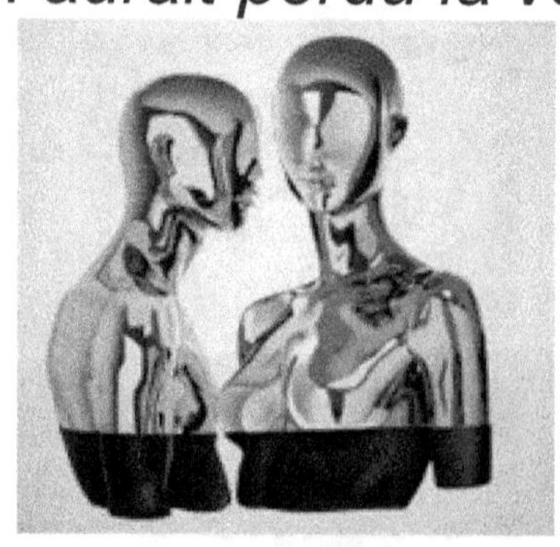

■ 157

Elle est amoureuse d'un maçon portugais qui lui a construit un nid douillet.
>>> *Ils ont pu faire la m(o)ur.*

■ 158

Elle est amoureuse d'un mécano qui l'a démontée.
>>> *Un pneu ! Que ne ferait pas la gente (jante) masculine !*

■ 159

Il est amoureux d'une lectrice correctrice… point !

>>> *Je n'ai pas changé une virgule.*

■ 160

Pierre a vu une ophtalmo qui l'a gardé à l'œil.

>>> *Il a eu du pot Pierre.*

■ 161

Elle a vécu à la colle avec un brasseur violent qui l'a mise en bière.

>>> *Il a creusé à la pelle fort.*

■ 162

Elle était amoureuse d'un plâtrier et elle l'a plaqué. L'aurait-il enduit en erreur ?

>>> *Il ne rentrait sans doute pas dans l' moule.*

■ 163

Margarita est amoureuse d'un barman qui la soule.
>>> *Pour peu, elle se bar.*

■ 164

Il est amoureux d'une boulangère qui l'a mis dans le pétrin.

>>> *Il n'a pas su lui manœuvrer les miches avec sa baguette.*

■ 165

Elle est amoureuse d'un boucher qui l'a désossée.

>>> *Il ban*** comme un taureau*

■ 166

Elle est amoureuse d'un serrurier qui a trouvé la clé de son cœur. Et pourtant il a tout gâché, car il n'en valait pas le peine.

>>> *Gâche/penne*

■ 167. Attention, celle-là elle est puissante :
Elle est amoureuse d'un informaticien qui l'a décodée.

>>> *Et qui ensuite lui a installé sa giga byte.*

■ 168

Elle est amoureuse d'un bûcheron qui l'a sciée.
>>> *Ensuite, il se sont fendu la gueule*

■ 169

Elle s'est énamourée d'un troubadour qui lui a donné beaucoup d'amour.

>>> *Un peu d'amour dans ce monde de bruts !*

■ 170

Elle est tombée sous le charme d'un magicien qui l'a enchantée.

>>> *Et enfantée ?*

■ 171

Scarole est amoureuse d'une grande asperge de jardinier qui lui a raconté des salades en lui plantant son poireau et ses deux olives au milieu de son verger. Du coup, en bonne poire elle a contacté un avocat de poids haut comme trois pommes qui lui a ravi toute son oseille. Depuis, elle n'a plus un radis mais a gardé la patate.

■ 172

Conseil drague pour vous messieurs :
- Excusez-moi mademoiselle.
- Oui ?
- Vous connaissez la phrase qui dit « qu'il faut souffrir pour être belle » ?
- Heu… Oui.
- Vous avez dû frôler la mort alors !

>>> *De rien, c'est gratuit.*

■ 173

Vous auriez pu me prévenir pour les clubs échangistes. J'suis passé pour un con avec mes cartes Pokemon en double !

■ 174

J'ai toujours un couteau sous mon oreiller. Au cas où quelqu'un rentre chez moi avec un saucisson.

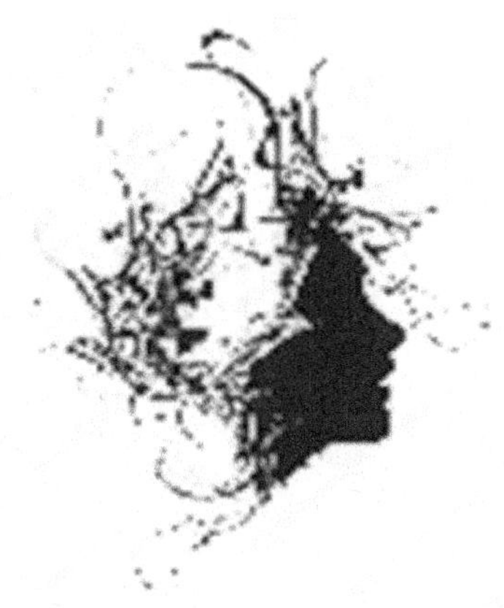

175

Un couple au restaurant. Le serveur :
- Comment Madame a trouvé notre cochon ?
- Je l'ai rencontré en discothèque.

>>> *Dans quel groin ?*

176

Pourquoi les tornades ont-elles des noms de filles ?

>>> *Parce qu'elles arrivent chaudes et humides et repartent avec ta maison et ta voiture.*

177

Camping nudiste à vendre.
Veuillez contacter : Jay Lemoineau Allaire.

>>> *kiki@gmal.com*

■ 178

- Si je comprends bien, votre équilibre sexuel dépend de plusieurs facteurs.
- Pas seulement, il y a aussi les employés du gaz…

>>> *C'est chaud !*

■ 179

J'ai raté le concours pour être gynécologue.
>>> *Ça s'est joué à deux doigts !*

■ 180

J'ai acheté des préservatifs à la pharmacie, on m'a demandé si je voulais un sac.
>>> *J'ai répondu : non, ça ira, elle est pas moche à ce point.*

■ 181

Si tu perds ta valise à Dubaï, on peut dire que tu es à bout d'habits.

>>> *Attention à ne pas prendre froid au bas rein.*

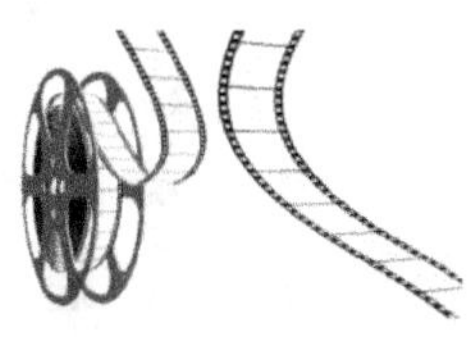

■ 182
Bonne nouvelle ! Je pars en vacances dans les îles !!!
>>> *L'Ile de France et l'Ile de la Cité.*

■ 183

A Berlin, le videur qui m'a viré de la boîte de nuit est resté calme et cool.
>>> *Du coup, j'ai dit danke au videur zen.*

■ 184

Le constructeur automobile Opel a décidé de rappeler ses modèles Astra suite à des problèmes d'injection.

>>> *Astra Zénéca*

■ 185
Dark Vador tend son doigt à Leila :
- Sens mon doigt, il était dans le côté obscur.

>>> *Le doigt dans le Luke ?*

■ 186

Premier jour comme pilote. La tour de contrôle :

- Pouvez-vous me donner votre position ?

- Je suis près du nuage qui ressemble à un lion.

- Vous pouvez être plus précis ?

- Simba.

>>> *C'était Hakuna, ma tata.*

■ 187

Un livre commence par une introduction et se termine par un index.

>>> *La femme c'est l'inverse.*

■ 188

Quand l'inventeur du sex-toy mourra, aura-t-il droit à un vibrant hommage ?

>>> *Je demande à ma soeur*

■ 189

Si tous les chemins mènent à Rome, comment fait-on pour aller ailleurs ?

>>> *Vous êtes ici.*

■ 190

Hier, j'appelle un mec qui me doit de l'argent et il ne prend pas mes appels. Je l'appelle plus de 10 fois et toujours pas de réponse. Alors, je décide de lui laisser un message :
« Salut, je ne t'appelle pas pour l'argent. Juste pour te dire que tout à l'heure j'ai vu ta femme avec un homme au resto… Ils avaient l'air très intime… Et après le déjeuner, elle est montée avec lui dans sa voiture… »
Quelques minutes après, il me rappelle, mais je ne décroche pas. Il insiste, insiste…

(suite)

En consultant mon téléphone, je trouve 70 appels manqués et 17 messages : « Où ça s'est passé ??? Quel resto ??? Où sont-ils allés ???

Tu le connais le mec ??? S'il te plait, dis-moi ! Je vais tomber en morceaux… ».

Je lis et ne réponds pas. Il me rappelle… 27 fois et je ne réponds toujours pas. Alors, un nouveau message arrive : « J'ai ton argent, on peut se rencontrer où et tu vas m'en dire plus… »

Cette fois je réponds : « Ok, tu vas m'envoyer l'argent par virement… en ligne. Et après, je passe te chercher et je te conduis chez lui. Je le connais. »

Quelques secondes plus tard, je reçois un sms de ma banque : « Vous avez reçu un virement de1000€. »

Du coup, j'ai éteint mon téléphone et j'ai refait l'amour à sa femme…

■ 191

Savez-vous ce qu'est un bûceron ?
C'est un bûcheron sans hache.
>>> *J'en ai scié pour la trouver.*

■ 192

Un chameau rencontre un dromadaire
Le chameau : - Comment ça va ?
Le dromadaire : - Je bosse. Et toi ?
Le chameau : - Je bosse, je bosse.

>>> *Le dromadaire, c'est un chameau qui bosse à mi-temps.*

■ 193

Elle est amoureuse d'un macroniste qui l'a fait marcher.

>>> *Du coup, elle le rem plus!*

■ 194

Elle est amoureuse d'un rugbyman qui l'a plaquée pour un essai non transformé.

>>> Pas de goal

■ 195

Elle est amoureuse d'un garagiste qui l'a prise pour une épave.

>>> *Malgré sa belle carrosserie.*

■ 196

Elle est amoureuse d'un maquereau qui l'a prise pour un thon.
>>> *Du coup, il l'a détruite.*

■ 197

Ce curé est tombé amoureux d'une nonne qui l'a emmené au 7ème ciel puis au paradis.

>>> *Il a vécu l'enfer !*

■ 198

Elle est amoureuse d'un chercheur qui l'a trouvée.
>>> *Après le premier essai.*

199.   Elle   est   amoureuse   d'un dompteur qui l'a dressée.

>>> *Elle a rugi de plaisir la féline !*

200

Il est amoureux d'une contrôleuse des impôts qui lui a fait une déclaration.

■ 201

Il est tombé amoureux d'une employée de vestiaire et il a pris des tas de vestes !!!

>>> *C'est pas drôle, mais c'est vrai.*

■ 202

Elle est amoureuse d'un jockey qui l'a chevauchée.
>>> *Hihihi !!!*

■ 203

Elle est amoureuse d'un coiffeur éméché qui l'a décoiffée.

>>> *Depuis, elle kiffe le coupe-tifs.*

■ 204

Elle est amoureuse d'un pompier qui l'a éteinte.

>>> *Pourtant elle avait le feu…*

■ 205

Elle est amoureuse d'un prof de math qui ne la calcule pas un tiers du temps.

>>> *Tan π*

■ 206

Il est amoureux d'une céréalière qui l'a planté et piqué tout son blé.

>>> *Une céréale killeuse.*

■ 207

Elle est amoureuse d'un tisserand qui l'a enfilée.
>>> *Je file du mauvais coton !*

■ 208

Enfin une bonne action écologique de E. Macron.

>>> Il a installé une Borne à l'Elysée !

■ 209

- Fiston, sais-tu où est le truc pour éplucher les légumes ?
- Elle t'a quitté il y a une semaine, papa.

>>> *On aurait pu m'en informer !*

■ 210 : HORRIBLE !!! ♿

Quelle partie du légume ne passe pas dans le mixeur ?

>>> *Le fauteuil roulant.*

■ 211

Moi j'ai vu Top Gun au cinéma. J'étais un petit garçon et depuis j'ai pris 50 cm et 80 kg, quelques cheveux blancs et un lumbago.

>>> *Tom Cruise lui, il a juste changé de moto…*

■ 212

Ma fille n'a pas voulu manger la langue de bœuf que j'ai préparée au dîner parce qu'elle sort de la bouche d'un animal.

>>> *Du coup, je lui ai cuit des œufs.*

■ 213

Lors d'un dating...
- C'est vrai que tu bosses pour la télé ?
- Oui, encore cinq mensualités et elle est à moi.

>>> *Une histoire pas très cathodique !*

■ 214

J'habite à côté d'une école maternelle. C'est quand même un contraceptif assez puissant…

■ 215

Faire des enfants n'est pas à la portée de toutes les bourses !

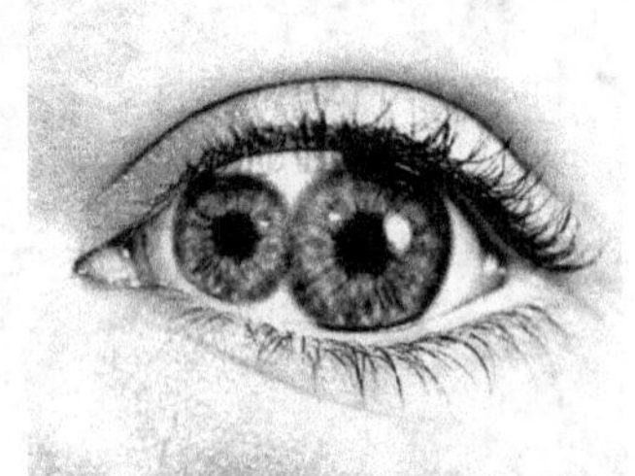

■ 216

Je viens de recevoir une demande d'ami d'un psychiatre.

>>> *Je me demande bien qui m'a dénoncé ?*

■ 217

Celui qui me fera manger des calamars, il n'est pas encornet !

>>> *Pas encore né.*

■ 218

Si dans mon nouveau taf je conduis un corbillard, peut-on dire que je suis un pilote décès ?

>>> *Pilote d'essais*

■ 219

Le problème avec les voitures électriques, c'est que les femmes n'auront jamais assez de batterie pour faire un créneau.

220

Trois enfants ont sauvé le Président français. Celui-ci leur dit :

- Demandez-moi ce que vous voulez et vous l'aurez.

Le premier garçon demande :

- Je veux un autographe de Killian Mbappé… et il l'obtient.

Le deuxième :

- Je veux une PS5. Macron lui offre la PS5.

Le troisième intervient alors :

- Moi, je veux des funérailles nationales.

Macron lui répond :

- Mais voyons, n'es-tu pas trop jeune pour penser à ça ?

Le gamin lui rétorque :

- Non, car quand je rentrerai à la maison, et que je dirai que j'ai sauvé Emmanuel Macron, mon père va me tuer !

■ 221

Il est officiellement trop tard pour vous tailler un corps de rêve pour cet été.
>>> *Misez sur l'humour ou l'argent.*

■ 222

Mon chat me regarde toujours bizarrement quand je rentre le soir. Je pense qu'il est surpris que j'aie les clés de chez lui.

■ 223

Lors de mon enterrement, j'autorise quelqu'un à prendre une couronne de fleurs et à la jeter en arrière, pour voir qui sera le prochain.

■ 224

Une maîtresse demande à ses élèves
- Si je dis « Je suis belle », c'est à quel temps ?
Un élève répond :
- Sûrement au passé, madame.

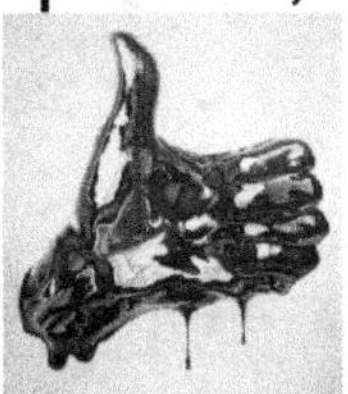

■ **225**

Truc de parents :
Quand vous punissez vos enfants, ne prenez pas leur téléphone, prenez plutôt leur chargeur et regardez la peur dans leurs yeux pendant que la batterie meurt peu à peu…

■ **226**

Dès qu'arrive le 15 du mois, je déclenche le Plan «Vigie Riz Pâtes»

■ **227**

Les femmes me disent mauvais amant : je ne sais pas comment elles peuvent le savoir en moins de trois minutes.

■ **228**

Les mots rendent les cris vains.

>>> *L'écrivain*

■ 229

Le vin d'ici vaut mieux que l'eau de là.

>>> *L'au-delà*

■ 230

Pourquoi se plaint-on des jours pluvieux ?

>>> *Parce qu'on sent des gouttes.*

■ 231

Au jeu de la vie, le misérable paria alors que les parias misèrent.

■ 232

- Vous êtes condamné à la chaise électrique, une dernière volonté avant l'exécution ?
- Oui, j'aimerais qu'on se tienne tous la main.

■ 233

- Bonne fête Otis, bonne fête Koné !
- Qu'est-ce qui te prend ?
- C'est l'ascension, donc je souhaite
une bonne fête à tous les ascenseurs.
>>> *Michel, passe-moi l'échelle !*

■ 234

Les mecs, tu leur tends la perche, ils
te tendent la gaule.
>>> *Des coups de bâton !*

■ 235

- Regarde, papa ! C'est une machine,
tu rentres un âne et il en sort un
saucisson !
- Il existe depuis bien plus longtemps
1 machine où tu rentres un saucisson
et il en sort un âne…

■ 236

Il ne faut jamais jouer de cithare après
minuit !
>>> *Si tard ?*

■ 237

Pourquoi vouloir mettre une femme dans son lit si on ne sait pas la border ?

>>> *L'aborder*

■ 238

On n'a jamais vu de camion si terne !

>>>*Citerne*

■ 239

Les preux chevaliers défendent vaillamment leur peau.
>>> *Lépreux chevaliers…*

■ 240

« Un sale ami mérite d'être charcuté. »
>>> *Jean Bon-Cohen, un Salami*

■ 241

Au Cap d'Agde :
« Chassez le naturiste, il revient au bungalow ».

>>> *Au galop !!!*

■ 242

« Vous me connaissez mal :la même ardeur me brûle, et le désir s'accroît quand l'effet se recule. »

>>> *Les fesses reculent. Un sacré coquin ce Corneille !*

■ 243

Travailler plus pour gagner plus ? Donc, si tu végètes, t'as rien ?
>>> *Végétarien.*

■ 244

Rien n'est plus détestable qu'un nabot minable.
>>> *Un abominable*

■ 245

Je vous remercie pour votre bon thé.

>>> *Ma bonté me perdra !*

■ 246

Si t'es pas propriétaire, t'es rien !
Donc, t'es qu'une loque à terre ?

>>> *Ares !!!*

■ 247

Des mitraillettes, la Corse en vend
des tas.

>>> *Vendetta.*

■ 248

« Guerre et paix trop liés »
>>> *Pétrolier.*

■ 249

A-t-on déjà vu un carreleur déposer une plinthe au commissariat ?
>>> *Une plainte*

■ 250

J'étais à l'anniversaire de mon pote Valentin qui est vietnamien. A un moment, je lui ai demandé :
-T'en as pas marre d'entendre dire que « les Asiatiques sont tous pareils ? »
Il m'a répondu :
- Valentin est aux toilettes. Moi je suis sa cousine !

■ 251

Deux gars dans la rue :
- Alors quoi de neuf ?
- Ma belle-mère vient de mourir.
- Je suis désolé. Qu'est-ce qu'elle avait ?
- Bof, presque rien : un canapé, deux chaises, un buffet…

■ 252

Petites annonces :
Je suis célibataire et j'ai de l'huile et
de la moutarde.

>>> *Du PQ aussi !*

■ 253

A la pâtisserie :
- Vous avez quoi de pas trop gras ?
- Les sachets en papier et les
serviettes…

>>> *Quelle tâche !*

■ 254

Si t'es fier.e d'être Jéhovah frappe
dans témoins.
>>> *Dans tes mains*

■ 255

C'était il y a maintenant quatre ans,
mon pote Kévin sortait de la chambre
en criant : « C'est un garçon ! C'est un
garçon ! » avec les larmes aux yeux.
On n'est jamais retournés en
Thaïlande.

■ 256

Le gagnant du loto remporte 60 mille lions.

- C'est bien joli tout ça, mais il va falloir les nourrir !

>>> *Un malentendu lourd de conséquence.*

■ 257

La façon dont une femme croise ses jambes peut en dire beaucoup sur ses sentiments. Par exemple, si elle croise les jambes sur tes épaules, c'est qu'elle t'apprécie.

■ 258

Les gendarmes arrêtent une jeune religieuse en BMW à 220 km/h. Ils veulent verbaliser mais elle dit qu'elle connait très bien le brigadier. Ils l'appellent :

- Oui, je la connais, faites-la monter dans le fourgon et baissez votre pantalon devant elle, vous verrez.

- Un sergent la fait monter dans le fourgon, baisse son pantalon.

La religieuse dit à ce moment :

- Ah ! C'est encore l'alcootest !

■ 259

Je tiens à rassurer mes amis, le tarif pour rester amis avec moi n'augmentera pas cet été. Il restera plafonné à un franc sourire.
>>> *De rien !*

■ 260

Mon patron est arrivé au boulot avec sa Lamborghini toute neuve.
Constatant mon admiration, il m'a dit :
- Si tu travailles dur, que tu ne comptes pas tes heures et que tu cherches toujours l'excellence dans ce que tu fais, alors je pourrai m'en payer une autre l'année prochaine.
>>> *Enf… !*

■ 261

On est mercredi : Attention au retour du jeudi !
>>> *La force est avec toi.*

■ 262

Après avoir lu un test de grossesse positif, une blonde fond en larme et crie :
- J'espère qu'il sera de moi !
>>> *Je ne suis pas le père.*

■ 263

Voici les 4 animaux qui rendent une femme heureuse :
1 jaguar dans le garage
1 vison dans le placard
1 étalon dans le lit
Et 1 pigeon pour tout payer.
Mais le plus souvent elle a :
1 panda dans le garage
Des mites dans le placard
1 lapin au lit
Et 1 rat qui ne veut rien payer.

■ 264

Le préfet du Jura interdit la vente d'articles d'artifice.
Les fabricants sont en pétard.

■ 265

Dans une boite de nuit, une femme en surpoids s'adresse à un jeune homme qui lui plait :

- Devine mon poids et je coucherai avec toi !

- 68 kg ?

- Exactement, tu as de la chance !!!

>>> *Elle en fait des tonnes.*

■ 266

Quelle arnaque les arbres à chat.
2 ans que j'arrose le mien toutes les semaines et toujours aucun chat n'a poussé !

>>> *Chat ch'arrose !*

■ 267

Vu sur une pancarte au bord de la route :

"Klaxonne si tu aimes Jésus. Ecris un texto en conduisant si tu veux le rencontrer."

>>> *Rendez-vous en enfer.*

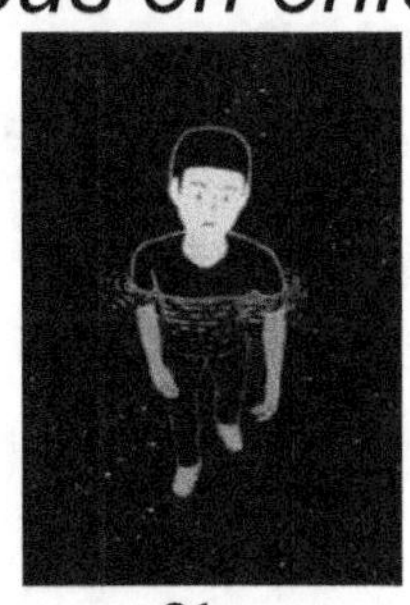

■ 268

Douze prêtres sur le point d'être ordonnés assistent à une ultime épreuve dont le but était de s'aligner nus dans le jardin du couvent tandis qu'une belle fille très sexy danserait complètement dévêtue devant chacun d'eux. Chaque futur prêtre avait une clochette fixée à son sexe et il était prévu que quiconque ferait tinter sa clochette pendant qu'elle dansait ne serait pas ordonné.

La fille a commencé à danser devant le premier. Aucune réaction...

Elle procéda ainsi le long de la rangée des candidats avec la même absence de réaction jusqu'au dernier : "Carlos".

Pauvre Carlos ! Alors que la fille s'avançait vers lui en dansant, sa cloche sonna si fort qu'elle se détacha et tomba dans le jardin loin devant lui.

Confus et honteux, Carlos s'avança rapidement vers la clochette et se baissa pour la récupérer.

C'est à ce moment que toutes les clochettes se mirent à carillonner...

>>> *Allah bonne heure !*

■ 269

Farid a de si mauvaises notes que ses parents ont décidé de le retirer du collège public pour l'inscrire dans une école catholique réputée très très stricte.

Dès son premier bulletin, ils découvrent stupéfaits et heureux que leur fils a récolté des notes presque parfaites dans toutes les matières.

Ils s'interrogent et questionnent le garçon. Leur enfant musulman leur répond :

- Quand je suis entré dans la classe et que j'ai vu qu'ils en avaient cloué un sur une croix, j'ai immédiatement compris qu'ici les profs ne rigolaient pas.

■ 270

Thérapeute : - Votre femme dit que vous ne lui avez jamais acheté de fleurs, est-ce vrai ?

Lui : - Pour être honnête, je n'ai jamais su qu'elle vendait des fleurs.

■ 271

- C'est un peu cavalier comme humour mais faut pas s'en "fer", "quand y'en a poulain y'en a pour l'autre"... et là je lui dis "croix d'bois croix d'fer, si jument j'vais en enfer !"

... Attends, attends, c'est pas fini !

Il m'a répondu "ça crin !" et il a tourné "l'étalon" !

>>> *Il est poneytte, lui.*

■ 272 : Info urgente !!!

Un requin a été aperçu dans l'étang de Freux en Belgique. Il a bouffé tous les corbacs.

>>> *C'est affreux, une fois !*

■ 273

- Cet été, je pars en vacances à cheval sur juillet et août.

- Moi aussi. Mais moi, j'y vais en voiture !

>>> *Le train-train, quoi.*

■ 274

Une blonde entre dans une pharmacie et demande :

- Avez-vous des lunettes ?

- Pour le soleil ?

- Ben non, pour moi.

>>> *Elle est dans la lune !*

■ 275

Le prof demande à ses élèves de dessiner ce qui leur manque à chacun à la maison. Tous s'exécutent sauf un qui rend page blanche.

Le prof : - Paul, pourquoi n'as-tu rien dessiné ?

Paul : - Chez moi, il nous manque rien.

Le prof : - Mais ce n'est pas possible !

Paul : - Si si, je vous l'assure ! Il nous manque rien.

Le prof : - Qu'est-ce qui te faire dire ça?

Paul : - Hier à dîner, ma sœur a invité son nouveau copain. Et mon père a dit qu'"il manquait plus que ça !"

>>> *En v'là un qui a de la suite dans l'esprit.*

■ 276

Prendre de l'embonpoint ne veut pas dire qu'on a bien travaillé à l'école.

>>> *Un argument de poids !*

■ 277

- Bonjour, contrôle de police.
- ♩ ROOOXANNE you don't have to put on the red light ♩ . Je connais que celle-là par contre.
- Sortez du véhicule !

>>> *Il marche sur la Lune !*

■ 278

Un commissaire est furieux contre ses agents. Un suspect vient de s'enfuir des lieux du crime.
- Je vous avais ordonné de bien surveiller toutes les sorties de l'immeuble ! L'avez-vous fait ?
- Bien sûr chef ! Mais d'après moi, il a dû sortir par une entrée.

>>> *- Dis plôme !*

279

J'aime bien plaire. Mais bon, je suis quand même dégoûté que ce soit un radar qui ait flashé sur moi.

>>> *Les palindromes m'aiment.*

280

- Chéri, faut que ça s'arrête, j'en peux plus de tes références à des chansons débiles. Je le vis mal, j'en dors plus, j'ai plus d'appétit...
- ... Qu'un barracuda ?

>>> *Viens à la maison, alors !*

281

Si ça s'trouve, le fils de Marie-Antoinette a juré sur la tête de sa mère.
>>> *Après cou...*

282

Tout le monde aime les patates parce que c'est l'amidon nous avons besoin.

>>> *(L'ami dont nous avons besoin)*

■ 283

Si t'es belle comme le jour mais que t'es con comme la lune, eh bien potentiellement ça s'annule.

>>> *Pas si sûr !*

■ 284

J'aime beaucoup Dieu, mais j'ai du mal avec son personnel au sol.

■ 285

Depuis que j'ai compris que faire du sport était bon pour la santé, je vais à la pâtisserie en courant.

>>> *En un éclair.*

■ 286

Je vais éteindre mon wifi ce soir pour permettre au Qatar de climatiser ses stades.

>>> *Une vraie Qatarstrophe !*

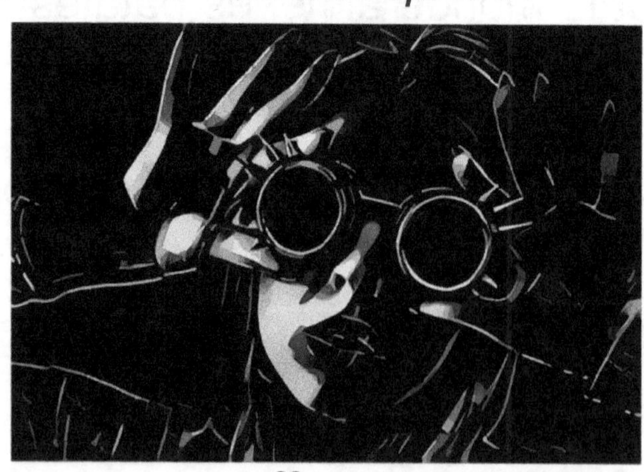

■ 287

- Finalement après 5 ans ensemble, mon chéri m'a parlé de mariage...
- Noonnn, vraiment... Et il t'a dit quoi ?
- Qu'il était marié avec 3 enfants...

>>> *Oh le sal… !!!*

■ 288

Je suis à la salle de sport et je teste une nouvelle machine.

>>> Y a des M&M'S, des Kinders et des gaufres.

■ 289

5 conseils pour une femme
1. Il est important d'avoir un homme qui fasse les tâches   ménagères.
2. Il est important d'avoir un homme qui te fasse rire.
3. Il est important d'avoir un homme sur qui tu peux compter.
4. Il est important d'avoir un homme qui t'aime et te chouchoute.
5. Il est important que ces 4 hommes ne se croisent jamais.

■ 290

"Tout feu, tout flemme", ça veut dire que je suis chaud pour ne rien faire.

>>> *Baille, baille !*

■ 291

- Je t'aime plus que quiconque.
- Le Gorille ?

>>> *Le Roi des Kong.*

■ 292

Y a des gens qui se vantent d'être des bons coups alors qu'en fait ils ne cassent pas trois lattes à un plumard.

>>> *Vas-y, mate-la !*

■ 293

- Ivrogne, tu dépenses tout l'argent en Whisky !
- Et toi en maquillage !
- Je le fais pour me voir belle.
- Moi aussi je le fais pour te voir belle.

>>> *La guerre des Rose, le retour.*

■ 294

- Tu vas faire quoi aujourd'hui ?

- Avec un pote, on va aller s'acheter des lunettes.

- Ok, et après ?

- Ben après, on verra bien.

>>> *C'est un peu louche.*

■ 295

Pudeur : Terme utilisé quand on perd sa montre.

>>> *… ou son portable.*

■ 296

- Ma femme et moi avons été victimes d'intoxication à l'eau minérale : nous avons porté plainte Contrex.

- Et comment le Vittel ?

- Mal : elle est dans un Salvetat. Elle n'a pas été Hépar niée.

- Te laisse pas faire, Badoit jusqu'au bout.

>>> *Méfiez-vous de ces eaux-là, comme dirait Emile (Zola).*

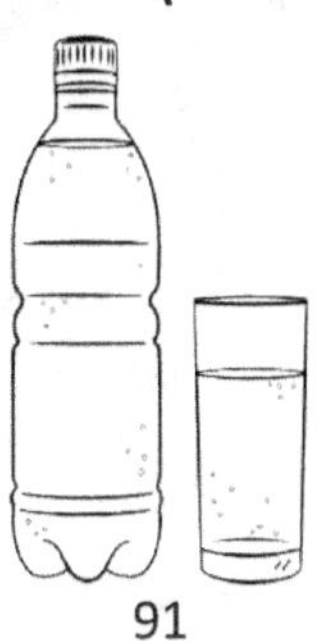

■ 297.

"Je n'ai pas trop kiffé le clou du spectacle", Jésus.

■ 298

Un vieil homme est sur son lit de mort. Son fils est à chevet. Soudain, une délicieuse odeur de tarte aux pommes lui vient aux narines.
- Veux-tu aller m'en chercher une part, mon fils ?
- Bien sûr papa.
Le fils se rend à la cuisine, puis revient vers son père les mains vides en disant :
- Maman a dit que la tarte c'était pour après l'enterrement.
>>> _______________________

■ 299

Si Robert Redford avait été plombier, aurait-il murmuré à l'oreille des chauffe-eaux ?
>>> *C'est trot !*

-300-

A la messe, le curé :

- Savez-vous pourquoi Adam et Eve ont fauté ?

Un des paroissiens :

- Une erreur de genèse, sans doute.

■ 301

"De deux choses Lune, l'autre c'est le Soleil." Jacques Prévert.

>>> *Bof ! Je donne 1 étoile.*

■ 302

A l'ombre du vieux chêne...
"Un seul hêtre vous manque et tout est des peupliers." Jean-Paul Gousset.

>>> *C'est glandement dlôle !*

■ 303

300 hectares ont brûlé dans la forêt de Brocéliande. Lancelot du Lac n'a rien pu faire.

>>> *Qui c'est qu'a "fée" ça ?*

■ 304

Une chaleur intense persiste aux quatre coins de l'hexagone.

>>> *La quadrature du cercle, à côté, ça jette un froid !*

■ 305

Hier, j'ai vendu du gravillon à des touristes belges en leur disant que c'était des graines de Menhirs.

>>> *Nous aussi on sait rigoler en Bretagne !*

■ 306

Quand un mec te tripote les seins, tu as l'impression qu'il cherche à régler la radio.
>>> *Et parfois il se trompe de fréquence.*

■ 307

Le calamar a le vent en poulpe.
>>> *Qu'il se presse car l'attente accule. Je vous vois médusés !*

■ 308

Je viens de discuter avec le voisin. Je le trouve un peu étrange : il m'appelle "le voisin" alors que le voisin, c'est lui !

>>> *Tout le monde est l'étranger de quelqu'un.*

■ 309

Devoir se lever le matin, j'en ai de plus en plumard.

>>> *Baille baille !*

■ 310

J'ai deux esthéticiennes. L'une est toujours un poil en retard, l'autre épile à l'heure.

>>> *Il faut appeler la peau lisse !*

■ 311

Les aoûtiens : "C'est mieux les vacances en août, l'eau de la mer est plus chaude."
Les juillettistes : "Normal, on a pissé dedans."

>>> *M'en fiche, je vais à la piscine !*

■ 312

Dany Brillant qui se plaint d'avoir perdu la tête depuis qu'il a vu Suzette...
Attendez un peu qu'il voit Brigitte !

>>> *Il a perdu la raison.*

■ 313
Hêtre ou ne pas hêtre...
Si tu me cherches, darling, je suis sous le charme.

>>> *Je suis un peu plié !*

■ 314
Le riz est bon marché mais les patates s'épluchèrent.
>>> *J'en ris encore.*

■ 315
- Tu me quittes parce que suis daltonien, n'est-ce pas Violette ?
- Je m'appelle Rose ! P*** de b*** de m***, Rose !
>>> *Je ne voudrais pas être vulgaire.*

■ 316
A Monaco, le paiement des impôts est en principe ôté.

■ 317
Mes voisins écoutent le rock fort. Pas de quoi en faire un fromage.

>>> *Alors, camembert !*

■ 318

Mon grand-père disait : "Ceux qui n'ont jamais bu un grand vin meurent sots."

>>> *Le grand vin c'est divin.*

■ 319

C'est fou comme le sexe ça génère !

>>> *Alainlerigolo que requinque.*

■ 320

Ma mère est presbyte. Elle ne voit pubien.

■ 321

Depuis que les parkings sont non-fumeurs, de moins en moins de gens s'y garent.

>>> *Je ne pipe pas pourquoi ils mégotent.*

322.

Quand on voit Louis De Funès dans Hibernatus, on crie ô génie !

>>> Même s'il est un peu givré.

Dieu, ça fait longtemps que j'ai fait une croix dessus.

>>> *Très jeune je me suis hâté de ne pas croire.*

■ 325

Mon voisin est trop au lit pour être au net.

>>> *Il est du réseau des dormeurs.*

■ 326

Il paraît que Jean De La Fontaine était un homme affable.
>>> *Un corbeau a écrit un courrier pour le dénoncer.*

■ 327

Le mariage est une forme alitée à remplir.

■ 328

Le Sri Lanka n'est pas dans un état ex-Ceylan.
>>> *Un des pays les plus pauvres.*

■ 329

Le passage à l'an 2001 nous a tous mis les nerfs.

>>> *Surtout quand 3 milliards de fourmis ont couru après nous...*

■ 330

Apprendre par les sentiments.

>>> *A ne pas prendre à la légère.*

■ 331

Au bar :
- Je voudrais un Coca, s'il vous plait.
- Un Pepsi, ça vous va ?
- L'argent du Monopoly, ça vous va ?

>>> *Il est comme l'Orangina celui-là, il est secoué.*

■ 332

"Je suis pour le cumul des mandales."
Chuck Norris.

>>> Chuck Norris ne ment pas, c'est la vérité qui se trompe.

■ 333

Mon électricien m'a branché direct en me disant : "J'attire la tension."

>>> *Attention, je n'ai jamais eu la prétention d'y prêter attention.*

■ 334

J'aime bien les articles qui n'ont ni queue ni tête.

>>> *Ça me rappelle un copain...*

■ 335

Les carottes ça rend aimable. Enfin, ça dépend où tu les mets.

>>> *C'est comme les poireaux.*

■ 336

Ce n'est pas parce que l'homme a soif d'amour qu'il doit se jeter sur la 1ère gourde.

■ 337

Je crois que j'ai manqué à mes vêtements d'été. Quand je les ai mis, ils m'ont serré très fort.

>>> *Je vais faire du nudisme.*

■ 338

Certes le rhinocéros est un gros ongulé, qui oserait le lui dire en face ?

>>> *Pas moi !*

■ 339

Cette histoire ne casse pas trois pattes à connard...

>>> *Heu… canard !*

■ 340

Les jupes en cuir, c'est dingue l'effet que ça fait sur les mecs. Ça doit leur rappeler l'odeur d'une nouvelle voiture.

>>> *Peau de vache !!!*

■ 341

Le cunnilingus est la preuve vivante que le latin n'est pas une langue morte.

>>> *Uteri et orgie.*

■ 342

Ne pas confondre :
Pas ces larmes à gauche.
Passer l'arme à gauche.

■ 343

- Tu es belle et drôle.
- Tu dis ça juste parce que tu veux coucher avec moi.
- Et intelligente aussi !

■ 344

Le réchauffement climatique n'a pas l'air de vous préoccuper. Mais vous ferez moins les malins quand Maître Gims, Keen'v, Pokora sortiront des tubes de l'été toute l'année.
>>> *Hiveront bien !*

■ 345

J'ai dit aux enfants que s'ils finissaient leur pizza Buitoni, ils auraient un Kinder surprise.
>>> *Après la prière du soir.*

■ 346

- Oh oui, parle-moi mal !
- J'ai allé au coiffeur.

>>> *St Bescherelle, priez pour nous.*

■ 347

Je suis une bombe textuelle. C'est comme une bombe sexuelle, mais je ne saute que les pages.
>>> *Et quand j'arrive à la page 69 !!!*

■ 348

"Demain, dès l'aube, à l'heure où blanchit la campagne, je partirai un peu plus près des étoiles, au jardin de lumière et d'argent." Victor Hugold.

>>> *Une autre ! une autre ! Ok, ok : "Vois-tu, je sais que tu m'attends, ohé ohé capitaine abandonné..."*

■ 349

Tous les doutes sont dans la rature.
>>> *Ou comment soigner les maux par les mots ?*

■ 350

"Va te faire tentaculer, fils de poulpe !"
Vulgarité profonde proférée par un calamar à un octopode qui est à deux ventouses de lui encornet une.

>>> *C'est assez, je me cache à l'eau, lui aurait dit celui-ci.*

■ 351

La femme de Bill aurait dit à son mari :
"Fais-moi l'humour toute la nuit."
Du coup, il a ri Clinton.
>>> *Je ne pipe pas mot.*

■ 352

Si vous fumez, sachez que le tabac peut rendre aveugle.
Alors, gardez un œil sur votre consommation journalière : contentez-vous de six clopes.
>>> *Y risque des maladies graves !*

■ 353

Ce que je déteste par-dessus tout, ce sont les gens qui te mettent une chanson dans la tête de bon matin. Ce rythme qui t'entraîne jusqu'au bout de la nuit et qui réveille en toi le tourbillon d'un vent de folie.

>>> *Et toi, tu le tapes, tapes...*

■ 354 ⠿ Arf...

- Mais pourquoi habitez-vous au 6ème sans ascenseur ?
- A mon âge, c'est le seul moyen qu'il me reste pour faire battre le cœur d'un homme.

■ 355

J'ai encore moins envie de bosser que les scénaristes de "Plus belle la vie".

>>> *Ou des « Feux de l'amour ».*

■ 356

- Ma lingerie te plaît-elle ?
- Une merveille, ça serait dommage de l'enlever.

■ 357

A la boulangerie :
- Je voudrais une baguette, s'il vous plaît.
- Vous la voulez comment ?
- Magique.

>>> *Elle m'a demandé si je voulais un pain.*

■ 358

Il y avait un gars au bord de la route avec le pouce levé. J'ai cru qu'il likait ma voiture.

>>> *Dans mon rétro, j'ai vu qu'il avait changé de doigt.*

■ 359

- Chérie, tu te souviens combien on était heureux il y a 3 ans ?
- Mais on se connait depuis 2 ans !
- Ben voilà...

>>> *L'amour est dans le vrai.*

■ 360

Moi quand je serai vieux, j'aimerai mourir comme mon grand-père, pas en criant, en hurlant comme tous les passagers du bus qu'il conduisait.
>>> *Il a pris son car pour un Airbus.*

■ 361

Que deviennent les mots refusés au Scrabble ?
Aya Nakamura en fait des chansons.
>>> *En catchana baby tu dead ça.*

■ 362

- Je te lance un défi, chéri ! Devine combien de bonbons j'ai dans la main.
- Et j'y gagne quoi ?
 - Bah... Si tu trouves, je t'en donne un et je garde l'autre.
>>> *Ma femme est blonde.*

■ 363

- Allô belle-maman, pouvez-vous me dire qui doit nettoyer l'enfant quand il a fait caca : le père ou la mère ?
- C'est toujours la mère, ma chérie !
- Ben, ramenez-vous, car votre fils est bourré et il s'est chié dessus !!!
>>> *Pan, la belle-mère !*

■ 364

Un taureau discute avec un hibou au milieu d'une prairie.
- Bon, je vais y aller, dit le taureau.
- Reste encore un peu, dit le hibou, on est bien, non ?
- Oui, mais il faut quand même que je rentre à la maison ; car n'oublie pas que si ta femme est chouette, la mienne est vache.
>>> *Si même les animaux s'en mêlent*

■ 365

J'ai discuté avec un moustique hier. Piquer, ils en ont besoin pour vivre.

 >>> *Mais le bruit qu'ils font, c'est bien pour nous faire chier.*

■ 366

Si la foudre tombe sur une voiture électrique, ça va nous faire le plein ou nous faire voyager dans le temps ?

>>> *Question sérieuse.*

■ 367

- Tu m'as manqué !
- Oui, je vise mal.

■ 368

Aujourd'hui, c'est la journée mondiale de l'incertitude. Enfin, je crois. Mais je n'en suis pas sûr...

>>> *J'ai un doute.*

369

Il ne faut pas être hypocrite...
Le seul qui s'est intéressé à la beauté intérieure des femmes, c'est Jack l'éventreur.

>>> *Sauf ma belle-mère.*

370

- Je viens d'emmener ma fille à la cruche.
- Tu veux dire à la crèche ?
- Non, je l'ai laissée à ma belle-mère.

>>> *Tant va la cruche à l'eau qu'à la fin elle nous les brise.*

371

Peut-on considérer la coloscopie comme une caméra cachée ?

>>> *Jean-Yves Lafesse en guest star.*

372

On vient de m'informer qu'il existe à Paris un prêtre chargé de faire les remplacements dans toutes les paroisses de banlieue : le Père Iphérique.

>>> *Qui a succédé à l'abbé Yves Rogne lequel a rejoint notre créateur.*

373

C'est deux homosexuels qui jouent à cache-cache. Le premier dit :
- Si tu me trouves, on fait l'amour.
Et l'autre :
- Et si je ne trouve pas ?
- Je suis dans le placard à balais.

374

Et voilà que les végans veulent interdire la pétanque sous prétexte que le cochonnet souffre trop...

>>> *Je raconte que des salades.*

■ **375**

- Allô maman, je rentre du travail, veux-tu que je m'arrête acheter quelque chose ?
- Achète-toi une maison !

>>> *Faut changer les serrures.*

■ **376**

Deux amies :
- J'ai rencontré un garçon génial ! Il s'appelle Pierre. Dès la 1ère nuit, on a fait l'amour 2 fois !
- Donc, vous avez fait d'une Pierre deux coups...
- Pardon ?
- Non rien. Laisse tomber...

>>> *2¶R ?*

■ **377**

Le soutien-gorge rembourré. Oui, mais le vin aussi !

>>> *Mag'hic !*

■ 378

- Papa, pourquoi on est tous moches?
- Moi, c'est maman.

>>> *Moi, moche et méchant.*

■ 379

Ma femme m'a dit que si je continuais à tweeter au lieu de l'aider à débarrasser, elle m'écraserait la tronche sur mon clavier.
Je m'en fous, j'ai pas peur, c'est moi l'homme à la mais…jgk'mgf:fc hymf,j

>>> *J'ai la même à la mais… jgk'mgf:fcjn.*

■ 380

Toujours pas compris ce que les antilopes avaient contre les lopes !!!
>>> *Elles sont sales ?*

■ 381

Il n'y a pas que les enfants qui vont retrouver leur maîtresse à la rentrée !!!
>>> *Toute ressemblance avec...*

■ 382

Un funambule a tué un spectateur en tombant. L'enquête a conclu au meurtre d'un déséquilibré.
>>> *ça ne tient pas debout.*

■ 383

Dans les Caraïbes, il y a deux sortes d'îles : les Antilles... et les Méssantes.
>>> *Hein Martine… ?*

■ 384

Bagarre à Roissy entre Gilbert Montagné et Stevie Wonder : ils ont été placés en garde à vue.

>>> *Aveuglés par la jalousie ?*

■ 385

Un employé de scierie a tué son patron et un collègue. C'était un tueur en scierie.
>>> Etait-ce un scie-rien ?

■ 386

J'ai raté le concours de gynécologue.
Ça s'est joué à deux doigts !

>>> *Depuis j'suis devenu proctologue.*

■ 387

Durex vous souhaite une bonne rentrée.
>>> *Pourvu que ça ne capote pas !*

■ 388

B. Castaldi :
- Tu me prêtes 500 000€ ?
C. Hanouna :
- Castaldi ?
>>> *C8, c'est lui.*

■ 389

Le Prince Charles a vêtu son habit de Spiderman quand il a été appelé à régner.
>>> *73 Epeire et gagne*

■ 390

Quand tu rédiges une déclaration d'impôts, t'es obligé de donner le nombre d'invités ?

>>> *Un pot de départ oui selon le décret du 31 février 1937 et suivants...*

■ 391

Comment voulez-vous que je paie des impôts sur le revenu si je ne suis pas encore parti ?

>>> *En me retournant, me suggère mon amie Monique.*

■ 392

Hier, vers 18h, on a fait l'amour ma femme et moi. Parait-il qu'on a ressenti les secousses jusqu'à 250 km.

>>> *Elle en tremble encore.*

■ 393

Rencontre lors d'1 promenade :
- Hey, pssst ! Tu veux de la drogue ?
J'ai de l'herbe !
- Mais t'es qui ?
- Je suis la beuhlette !
>>> *Depuis, c'est mon héroïne, une crack.*

■ 394

Histoire vraie.
En allant faire mes courses, je laisse passer sur le passage pour piétons un couple de jeunes gens. Je reluque la donzelle plutôt mignonne. Le mec s'arrête à ma hauteur et me dit textuellement (et non sexuellement) :
- T'as fini de mater ma meuf !
Ce à quoi je m'empresse de répondre:
- C'est pas ta meuf que je mate, c'est toi !
Et sa copine éclate de rire...
>>> *Moi aussi.*

■ 395

Les entreprises préfèrent des jeunes de 18 ans avec dix d'expérience.

■ 396

Un cul-de-jatte chez le coiffeur.
Le coiffeur : - Je coupe les pattes ?
Le cul-de-jatte de mauvais poil : - Vous me prenez pour un imbécile ? Vous voulez mon pied au cul ?
Le coiffeur : - Ma parole, vous vous êtes levé du pied gauche, on dirait. Je disais ça pour vous faire marcher.
Le cul-de-jatte : - Si c'est comme ça je ne mettrai plus les pieds chez vous !
Le cul-de-jatte a pris ses jambes à son cou et détala. Alors le coiffeur se dit :
- ça me fait une belle jambe, tiens !

■ 397

Ça fait 73 ans que Charles attend pour avoir son premier boulot.

>>> *Ne désespérez pas les jeunes !*

■ 398

- Chéri, quelle couleur je mets pour paraître mince ?
- Gris, tu mets gris...

>>> *Du coup, j'en ai vu de toutes les couleurs.*

■ 399

Un copain s'est fait amputé des deux jambes par erreur. Il a dit qu'il ne remettrait plus les pieds dans cet hôpital.

>>> *Je lui donne un coup de main.*

400

Ceux qui klaxonnent comme des cons dans les embouteillages, vous croyez que ça va déclencher un mode hélicoptère sur votre bagnole ?

>>> *Signé Inspecteur Gadget*

■ 401 ⸾ Qatarnac !

Mon petit doigt m'a dit que Doha, le foot on ne leur doit rien.

>>> *Un fait majeur.*

■ 402

- Quelle température fait-il l'été en Bretagne ?
- 30°C. 15° en juillet et 15° en août.

>>> *Signé le Père Nolwenn.*

■ 403

Pourquoi les Bretons sont tous frères?
Parce qu'ils ont Quimper.
>>> *Et qu'une mer...*

■ 404

Pendant qu'on clouait Jésus sur la croix, personne Natasha St Pier.
>>> *Un ange frappe à ma porte.*

■ 405

Les os des dinosaures enterrés, c'est la preuve qu'il existait aussi de très grands chiens.
>>> *Couché ti Rex !*

406

Un miroir concave n'est pas un miroir qu'on vexe.

>>> *Parfois le concave se rebiffe !*

407

Call of scopie, le jeu qui fait mal au derrière.

>>> *Où est la caméra cachée ?*

408

Un mec va au mariage de son ex-femme. Durant la soirée, il va voir le nouveau marié et lui demande d'un air arrogant :

- Comment tu trouves ça, de rentrer dans du stock usagé ?

Le nouveau marié le regarde droit dans les yeux et, inébranlable, il lui répond :

- C'est stupéfiant ! Passés les 6 premiers centimètres, c'est flambant neuf !!!

>>> *Quoi ? Du flanc au blanc d'œuf ?*

■ 409

Procrastricoter : Action de tout remettre au lendemain pour pouvoir tricoter.

>>> *Tant que le pull est fini avant l'hiver, tu peux dire comme tu veux.*

■ 410 : Le sachiez-vous ?

Le roi Charles III a toujours eu la fibre écologiste. Le Prince des patates a prôné partout l'économie d'énergie. Pour illustrer sa pensée, le prince vert a décidé de débrancher sa mère.

>>> *God save the Queen !*

■ 411

Perso, mon petit truc en plus, c'est ma case en moins.

>>> *ça me coûtera moins cher en électricité.*

■ 412

Pourquoi 85% des femmes ne se marient-elles plus ?
Elles ont enfin compris que pour 60g de saucisse, ça ne vaut pas la peine d'acheter tout le cochon.
>>> *60g ? Parle pour toi !*

■ 413

J'ai besoin de bras pour me donner un coup de main.
>>> *Vous faut-il un coup de pied ?*

■ 414

71% des gens aiment les mathématiques. Les autres 56% ne les aiment pas.
>>> *Le carré de l'hypoténuse… ???*

■ 415

- Chéri, de quelle couleur sont mes yeux ?
- 95C.
>>> *Soit elle est géante, soit il est obsédé.*

■ 416

Tu es belle comme une hirondelle, ta peau sent la cannelle, laisse-moi te péter la rondelle.

>>> *Encore un qui poète sec !*

■ 417

L'Angleterre a perdu sa Reine, les Etats-Unis leurs Tours, mais la France a toujours son Fou.
>>> *Et nous on est les pions.*

■ 418

Au moyen-âge, on a inventé « les gens d'arme » pour protéger les voyageurs des bandits de grands chemins qui les détroussaient au coin du bois.

Depuis, nous avons fait un immense pas en avant. Ce sont les gendarmes qui se cachent au coin des bois pour rançonner les voyageurs pendant que les bandits courent toujours…
>>> *C'est beau 1000 ans de progrès !*

■ 419

Un serpent : Je n'aurais pas dû avaler cette bouteille de Dom Pérignon, je me tiens une de ces gueules de boa ?

>>> *Le serpent à lunettes n'en croit pas ses yeux.*

■ 420

Si quand tu traverses la rue pour trouver un boulot, le mec du trottoir d'en face il traverse aussi, y a aucune chance qu'il trouve du boulot sur le trottoir où t'étais vu que t'en es parti !

>>> *Et inversement.*

■ 421

Heureux ceux qui n'ont pas la lumière à tous les étages. Leur facture d'électricité sera moins chère…

>>> *J'habite au rez-de-chaussée.*

■ 422

Elle : Je suis très triste, mon mec vient de me quitter…
Lui : Ecoute, je serai toujours là pour toi… si tu as besoin d'une épaule pour poser tes jambes…

>>> *La générosité m'habite…*

■ 423

Il faisait froid, j'ai mis 5 pulls, dimanche.

>>> *10 manches.*

■ 424

Imagine Jésus vient frapper à ta porte et tu l'observes à travers le judas. Le malaise !

>>> *La cène qu'il va faire !*

■ 425

Un touriste parle à un fermier :
- Elles sont belles vos vaches.
Le fermier :
- Laquelle, la blanche ou la noire ?
Le touriste : - La blanche.
Le fermier : - Ouais, vous avez raison.
Le touriste : - Et la noire.
Le fermier : - Vous avez raison aussi
Le touriste : - De quoi nourrissez-vous vos vaches ?
Le fermier : - Laquelle ? La blanche ou la noire ?
Le touriste : - Heu… la noire ???
Le fermier : - De l'herbe et de la paille.
Le touriste : - Et la blanche ???
Le fermier : - De l'herbe et de la paille aussi.
Le touriste : - Combien vendez-vous vos vaches ???
Le fermier : - Laquelle ??? La noire ou la blanche ???
Le touriste : - La blanche.
Le fermier : - Je ne la vends pas.
Le touriste : - Et la noire ???
Le fermier : - Non plus.

(Suite)

Le touriste : - Pourquoi, à chaque fois que je vous pose une question, vous ne me dites pas que les deux sont pareilles ???

Le fermier : - Parce que la noire, c'est la mienne.

Le touriste : - Ah d'accord. Et la blanche ?

Le fermier : - La blanche aussi.

>>> *Paysans vs Parigots.*

■ 426

Dans les toilettes publiques, chez les mecs :

- Pourquoi tu t'assois pour pisser ?

- J'ai mal au dos et je ne peux pas soulever d'objets lourds !

>>> *Moi je ne vais jamais dans les pissotières pour ne pas vexer les autres mecs.*

■ 427

Quand on va devoir rendre la planète à Dieu, on pourra faire une croix sur la caution…

>>> *Inri, l'autre non. Amen toujours !*

■ 428

A quoi sert la richesse dans les poches s'il y a la pauvreté dans la tête et le vide dans le cœur ?

>>>

■ 429 ⁚ A l'hôpital

- Madame, je cherche le service pneumatologie.
Rire de l'infirmière qui répond :
- Le Docteur Michelin, je suppose !

>>> *Il semblerait un pneu crevé.*

■ 430

Yohan revient de l'école avec son bulletin. Des zéros partout.

- Quelle excuse vas-tu encore me donner ? soupire sa mère.

- Et bien, j'hésite entre l'hérédité et l'environnement familial.

>>> *La vérité sort toujours de la bouche des enfants.*

■ 431

Dans des circonstances que je tiendrai secrètes, une personne dont je tairai le nom m'a dit des choses que je ne peux pas répéter.

>>> *On est très content de ne pas le savoir.*

■ 432

C'est une femme qui se rend chez le docteur. Elle se plaint d'avoir des poils sur la poitrine. Le médecin lui demande :

- Montrez-moi ça... Ah oui, effectivement... Mais jusqu'où cela descend-il ?

- eh bien, jusqu'aux couilles, docteur...

>>> *Coluche, sors de ce corps !*

■ 433

En Espagne, il y a le feu dans un immeuble. Un enfant à la fenêtre du 10ème étage hurle :

- ¡ Socorro ! ¡ Ayuda ! (Au secours, à l'aide !)

Une ménagère qui passe aperçoit la scène, prend son tablier et crie à l'enfant :

- ¡ Salta, hijo ! (Saute, petit !)

L'enfant s'exécute. A moins d'un mètre du sol, la femme pivote et s'écrie :

- ¡ Olé !

>>> *Je donne également des cours d'espagnol.*

■ 434

Que ferait la femme sans l'homme ? Elle dresserait un autre animal.

>>> *Chaton, tu me files la carte bleue !*

■ 435

Un homme est incomplet jusqu'à ce qu'il se marie.
A ce moment-là, il est vraiment fini.

>>> *Catherine, c'est fini...*

■ 436

Définition mathématique de la femme :
La femme est un ensemble de courbes qui fait lever une ligne droite.

>>> *Quand c'est fini, elle redevient courbe.*

■ 437

Hier, mon dernier m'a demandé :
- Papa, comment ça s'écrit «clitoris» ?
- Eh bien, c'est une question que tu aurais dû me poser hier soir, je l'avais au bout de la langue.

■ 438

Je vais mal. J'ai un chat dans la gorge. Le problème c'est que j'ai bouffé les croquettes avec le chat. C'est ça qui a du mal à passer.

>>> *Les Félix sont mes préférées.*

■ 439

Aujourd'hui, j'ai fait 50 pompes. Je suis crevé !

>>> *Si je peux éviter les pompes funèbres.*

■ 440

- Vous avez fait quoi ce week-end ?
- On était en Savoie, du coup on a passé les deux jours dans une station.
- Parfait ça. Laquelle ?
- La station Total de Chambéry.

>>> *Finalement la Savoie, c'est pas ma voie.*

■ 441

Un gars écrit à sa blonde :
- Chérie, je t'ai trompée…
Sa blonde lui répond :
- Moi aussi.
Le gars :
- 1er avril !!!
La blonde rebondit :
- 18 août !!!

>>> *Et un divorce !*

■ 442

J'ai déposé ma voiture au garage parce qu'elle faisait un bruit horrible. Finalement, c'était Maître Gims qui passait à la radio.

>>> *Saqué comme jamais !*

■ 443

Je parie que personne n'a pensé à se chauffer grâce à la flambée des prix !

>>> *Je préfère geler les achats.*

■ 444

- Je suis si fière, je ne pensais pas que notre fils Emmanuel irait si loin.
- Moi non plus, cette catapulte est vraiment géniale.

>>> *Son nom c'est copinage, piston, richesse…*

■ 445

Une petite bien connue chez les Espagnols :
- ¿Cómo se llama la esposa del huevo ?
- No sé.
- Clara… Clara de huevo.
>>> *Blanc d'œuf.*

■ 446

Un vacataire intègre son nouveau collège. Il se présente à la classe :
- Bonjour, je suis Olivier Giroud, votre nouveau professeur.
Un élève éclate de rire :
- Vous êtes remplaçant, alors !
>>> *Terribles ces enfants…*

■ 447 > Cours de Français : la liéson.

Ont ne fée pas la liéson dans les cas suivant :
- L'habit à papa et l'achat à maman.
>>> *Les nouveaux profs à Macron.*

■ 448

J'ai refusé un CDI aux Pompes Funèbres car ils me proposaient une période décès.
>>> *Diffusez, ça pourrait intéresser quelqu'un.*

■ 449

Dans le bus, j'ai demandé à une meuf comment elle s'appelait.
La pauvre, elle s'appelle Vatferfoutre.
>>> *Son nom de famille : Povcon.*

■ 450

On nous demande de faire des économies d'énergie mais on laisse la Lune allumée à pleine puissance toute la nuit et ça ne choque personne…

>>> *Et si on parlait du soleil !!!*

■ 451

Hier, j'ai vu ma dentiste. Le Dr Pêcheur m'a dit que mes caries étaient toutes détruites.

>>> *Hameçon belles mes dents.*

■ 452

- Tu connais la blague de l'essence ?
- Non.
- Laisse tomber, elle est bidon.

>>> *Depuis, jerricane, jerricane…*

■ 453

Une pomme tous les jours éloigne le médecin, mais il faut bien viser !

>>> *Il déteste les pépins*

■ 454

Parfois je diverge. Mais plus souvent je dis bite.

>>> *Comme tout le monde.*

■ 455

C'est à force de voir des gens entrer dans son bureau sans frapper que Winston Churchill enleva ses initiales sur la porte.

>>> *Son cabinet ne désemplissait pas.*

■ 456

Une belle femme entre chez le médecin :
- Docteur, j'aimerais bien que vous fassiez quelque chose pour que mon mari soit un taureau.
- Eh bien, déshabillez-vous, on va commencer par les cornes.
>>> *Pour sûr qu'elle aura la queue et les oreilles.*

■ 457

Message de Dieu :
« J'ai créé un monde où certains se servent d'un téléphone à 900€ pour consulter leur compte à découvert. »
>>> *Dieu, retourne là où tu n'es pas.*

■ 458

L'horoscope parfois dit vrai.
Hier j'ai lu : « Mercure va entrer dans votre lune. »

>>> *Vous ne me croirez pas, le lendemain j'avais de la fièvre !*

■ 459

C'est l'histoire d'un coq qui s'appelait Pava. Il chantait très fort. Et un jour de Noël il termina rôti.
>>> *Bye l'artiste, on t'aimait bien, dans tous les sens du terme.*

■ 460

Apparemment, « Attendez, tenez-moi ma bière » n'est pas la meilleure réponse quand un flic te demande tes papiers et ton permis !
>>> *« Ciseaux » non plus.*

■ 461

Quand tu vois les décos de Noël, tu t'demandes si le p'tit Jésus est né à Bethléem ou à Las Vegas.

>>> *Dieu est lumière, il éclaire notre chemin.*

■ 462

- Tu t'appelles comment ?
- Sandra.
- Et t'as pas froid la nuit ?
>>> *Celle-là j'ai évité de la mettre en couverture.*

■ 463

Le rêve de toute religieuse est de finir en sainte.
>>> *Et de voir le petit Jésus.*

■ 464

Ce n'est pas le wifi qui permet de connecter les gens entre eux, c'est l'apéro !
>>> *Le rosé plutôt que le réseau !!!*

■ 465

- Maman, la maîtresse veut qu'on apporte du scotch !
- Elle peut pas boire du rosé, comme tout le monde ?

>>> *Elle doit être au bout du rouleau.*

■ 466

- Désolé, je vais devoir vous verbaliser. Votre chien n'est pas attaché !
- Mais… c'est une peluuche !!!
- Peu importe la race, Madame, ce sera 35€…

>>> *Une journée au poil !*

■ 467

La nuit tous les chats sont plats.

>>> *Proverbe routier.*

■ 468

- Vous avez des céréales Halal ?
- Non, mais j'ai des tartines titine et de la confiture tuture.
>>> *Et les fameuses biscottes cocotte! Sans oublier les haricots coco, le chocolat lala, le comté tété, le cornichon chonchon, la chipo popo, les kakis kiki, … stop ! ok ok… mais mon chien adore les croquettes quéquette, les avocats caca…*

■ 469

Je m'interroge :
Si deux frères siamois se bagarrent, comment fait-on pour les séparer ?
>>> *- Si à toi ? - Non, si à moi !*

■ 470

- Mon Père, à partir de combien de bières peut-on considérer que c'est un problème ?
- Quand il n'y en a plus dans le frigo, mon fils.
>>> *Leffe-toi et marche !*

■ 471

- J'adore le bœuf !
- Moi pas. Je trouve qu'il joue très mal au ballon.

>>> *Quand il était jeune, il s'appelait Leveau. Depuis, il a grandi.*

■ 472

Un écrivain face à une bouteille d'eau-de-vie.
La bouteille : Allez, bois-moi encore un peu !
Ecrivain : ça suffit !
La bouteille : Tous les écrivains ont besoin de puiser leur inspiration dans l'alcool, Baudelaire, Poe, Bukowski…
Ecrivain : M'HARCELE PAS, GNÔLE !

>>> *Tu me fends le cœur !*

■ 473

Ne jamais désespérer. J'ai une amie aveugle qui vient d'accoucher de jumelles.

>>> *ça me parait louche !*

■ 474

En ce qui concerne l'électricité, je propose de payer en petites coupures.

>>> *Watt do i say ?*

■ 475

Le donut, c'est un beignet qui a su percer dans le milieu.
>>> *Dans le milieu du cream, je suppose.*

■ 476

A l'hôpital :
- Aïe ! Que faites-vous ?
- Je panse donc j'essuie.
L'infirmière approche avec une seringue.
- Non, je hais les piquouses !
- Les piqûres, ce n'est pas qu'une partie de plaisir !
>>> *Science sans confiance n'est que ruine de l'homme.*

■ 477

- Docteur, quand je fais l'amour, ça sent la pomme !
- Vous êtes ensemble depuis combien de temps et à quel rythme vous faites l'amour ?
- 27 ans et 6 fois par semaine.
- Faut ralentir ! Votre femme a le cul en compote !
>>> *Le sentiment de déconfiture du gars !*

■ 478

Macron se rend au Vatican pour y rencontrer le Pape.
Ce dernier, à défaut d'y avoir rencontré un saint, c'est un simple d'esprit qu'il a salué.
>>> *La cloche quitta Rome précipitamment.*

■ 479

Direction le laboratoire. Je vais y déposer une lotion de sang sûr.

>>> *L'analyse a conclu à un 49.3.*

■ 480

Dans la forêt :
- OUH OUH ! CHUIS OÙ ?
- Derrière l'arbre !
- LEQUEL ???
- Celui à côté de moi.
- T'ES OÙ ?
- A côté de toi, crétin !

>>> *Bois trop de mousse.*

■ 481

Quand un tuyau mâle rencontre un tuyau femelle, un robi nait.

>>> *Fin de la vanne.*

■ 482

Quand deux sourds se battent… c'est sûrement un malentendu.

>>> *Hein ?*

■ 483

Savez-vous comment distinguer le sexe d'un hamster ? Je vous donne l'astuce :
Coller le hamster contre votre oreille. Si vous n'entendez rien, c'est un mâle. Si percevez de la musique, c'est une femelle.
>>> *Dans le corps d'hamster dame, y a des marins qui chantent.*

■ 484

Testiculer : Verbe du 1ᵉʳ groupe.

S'agiter dans tous les sens sans rien glander pour autant.
>>> *Je dis verge !*

■ 485

Un gros camion de Viagra vient de se renverser sur l'A7. On compte déjà 20 km de queues…
>>> *L'atmosphère est tendue.*

■ 486

« L'homosexualité est contre-nature. »

>>> *C'est écrit dans la bible quelque part entre le serpent qui parle et la vierge qui accouche.*

■ 487

Donnez un poisson à un homme, il mangera un jour…

>>> *Apprenez-lui à pêcher, il boira des bières sur une barque tous les dimanches.*

■ 488

Après la coupe du monde de football au Qatar, les jeux d'hiver en Arabie Saoudite, les Pays-Bas décident d'organiser les championnats du monde d'alpinisme.

>>> *De son côté, la Belgique demande à organiser le concours de Miss France.*

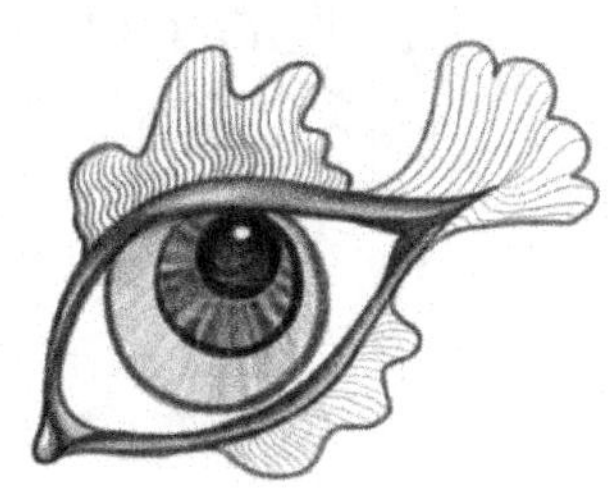

■ 489

- Je crains que Facebook tue la vraie communication entre les gens.
- J'aime.

>>> *Lol, mdr…*

■ 490

10:20 - Coucou, je te dérange ?

18:37 - Salut… non, pas du tout.
>>> *Pas faux.*

■ 491

Arrêtez de rendre tout et n'importe quoi à César. Il ne sait plus où mettre vos merdes…
>>> *Je ne m'en réfère qu'à Saint Thomas.*

■ 492

Après notre rupture, je pensais que plus jamais je ne rirais de ma vie.

>>> *Et puis j'ai vu ton nouveau mec…*

■ 493

- Les macarons ont-ils une ficelle ?
-Bah non…
- Alors j'ai bouffé un yoyo.

>>> *Je me trompe toujours avec les Babar au rhum.*

■ 494

- Tu laisses dormir ton chien dans ton lit ?
- Bien sûr !
- Et les poils, l'odeur ?
- Oh, il va s'y faire.

>>> *C'est là que mon chien s'est mis à sourire.*

■ 495

- Chérie, je suis pour la paix des ménages.
- Moi aussi, je suis pour la paix. Déménage !
>>> *Eh men, nage !*

Tu souffres d'insomnie ? Compte les moutons…

>>> *Si ça ne suffit pas, tu pourras discuter avec le berger !*

■500

En France, il y a 1,88 enfant par famille.

>>> Donc un sur deux n'est pas fini. Cela explique certaines choses...

Plus de gags,
Plus de blagues.
Plus d'humour,
Plus d'amour.
Plus de rires,
Plaisir d'offrir...

■

Si vous voulez gagner un peu d'argent, c'est peut-être le bon moment pour annoncer à vos enfants que le Père-Noël n'a pas survécu à la pandémie.

■

On m'a dit de faire une activité pour entretenir mon corps. J'ai choisi Photoshop.
>>> *ça marche ! J'ai rajeuni de 10 ans et perdu 15 kg en 8 jours.*

■

- Tu me conseillerais quoi comme contraceptif ?
- Un démaquillant.

■

Un génie sommeille en moi.
>>> Malheureusement, il dort tout le temps.

■

Pas facile de manger du canard à l'orange !
Ça passe vite au rouge !

■

- Excusez-moi, pour aller au cimetière, où je dois prendre le bus ?
- En pleine gueule !

■

Selon les gendarmes, le Beaujolais à haute dose peut avoir un goût de prune.

■

Bon les Meufs, arrêtez avec vos histoires de périnée. Les périnées, j'y suis allé faire du ski, donc je connais un peu.

Si dans la vie t'as pas d'bol, alors prends une tasse.

■ Vrai ou faux

Un chien a le même nombre d'os qu'un humain ?
Faux. Il en a 1 de plus.
Eh oui, Médor a en plus un nonos dans la gueule !

■

- Chérie, t'es d'humeur pour un 69 ?
- Le numéro que vous avez composé n'est pas attribué !

■

Faire l'amour fait perdre environ 360 calories.
- Salut, on fait un régime ?

thank you